Tu es un soleil

Mathilde Fialaix

Tu es un soleil

Sommaire

Amour
Souffrance
Violence
Renaissance

Un jour j'ai compris que je n'avais pas besoin
De souffrir pour avoir une raison d'écrire
De pleurer pour raconter quelque chose
Au contraire
Maintenant je veux transmettre du bonheur
Comme si j'étais le soleil
Qui vient éclairer vos journées
Et illuminer vos cœurs
Car la vie n'est pas seulement faite de malheur
Mais surtout de miracles
Et de beaucoup d'amour
Il suffit d'ouvrir assez grand les yeux et l'esprit
Pour laisser rentrer la lumière
Dans vos vies

Écrire pour celles et ceux qui souffrent
Écrire pour guérir
Ou du moins essayer

Tu as entre tes mains
Un petit bout de moi
Prends-en soin
Et n'oublie pas
Tu n'es jamais seul.e

Amour

Tu es un soleil

Tes bras sont
Mon refuge
Lorsqu'il fait froid

Mon cœur est vide
Et mes yeux te cherchent
Où es-tu mon amour ?
Où sont tes lèvres que j'aime tant ?

J'angoisse souvent dans le noir
Je crois tomber et
Des idées noires m'encombrent la tête
Mais quand tu es là
Je me sens en sécurité
Lorsque j'ai peur,
Tu me serres contre toi
En douceur
Et tu réchauffes mon âme de tes mots

Mon amour,
Tes bras sont mon refuge

Je ne savais plus comment aimer
Je ne m'aimais plus moi-même
Ma plume ne savait plus écrire l'amour
Plus l'envie
Mais besoin qu'on m'aime
Tu es arrivé un soir d'avril
Et tu as tout bousculé
Je t'ai raconté les pleurs et les joies
Que j'ai vécues dans le passé
Je t'ai avoué mes peurs
Et tu as su voir mon cœur
Alors qu'il était fermé
Camouflé dans une carapace
Tu as su comprendre
Et voir mes capacités
Tu m'as aidé à croire en moi
Et à croire en toi
Alors que je ne croyais plus en rien
Depuis tu es toujours là
Et dorénavant je peux dire
Que je sais aimer de nouveau
Car je t'aime
Toi
Je ne sais toujours pas écrire l'amour mais
À ce qui paraît rien n'égale un je t'aime
Alors voilà, je t'aime

Tu es un soleil

Mes doigts passaient dans ses cheveux
Glissaient sur sa joue et
Jusque dans son cou
C'était comme un voyage
Je me promenais sur sa peau

La tête dans les nuages
Et dans le voyage
Je rêve de la mer
Du sable chaud et
Du coucher de soleil
Sur les vagues bleues

Je suis tombée amoureuse
Ce soir-là…
La mer me caressait et
Me transmettait mille tendresses
Des baisers salés, des chants d'été
Et puis elle
Berçait mon âme
Qui n'en pouvait plus

C'était comme un rêve
Et je ne voudrais jamais avoir à
Rouvrir les yeux

Tes yeux ressemblaient à l'océan

J'écris comme je respire
La plume est mon essentiel
Chaque mot est une bouffée d'air
Chaque vers est une renaissance
Lorsque les maux s'évacuent
C'est comme si toute mon âme retrouvait
Son souffle
Sa lumière
Sa poésie

Alors oui
Peut-être que je respire
Grâce à mes poumons
Mais je ne trouve de l'air
Que dans les phrases
Des milliers de phrases

Mon oxygène est la poésie
Mon essentiel dans la vie se résume
À écrire des milliers de phrases
Pour survivre

J'ai fini par accepter que
Je ne cesserai jamais de l'aimer
Sa voix n'a pas quitté mes oreilles
Son odeur ne s'est pas délogée de mon nez
Je ressens encore
Sa main sur ma peau
C'est lui tout entier
Qui est ancré en moi

Tu es un soleil

La nuit il m'arrive parfois
De rêver de toi
Et tes cheveux de neige

Tu me manquais tellement que
Je te voyais partout
Tous les passants te ressemblaient
Et sentaient ton parfum
Toutes les rues me ramenaient à toi
Mes draps me rappelaient nos nuits et
Toutes les fois où tu m'enlaçais

Je me souviendrai toujours de ton rire
Mais aussi de toutes les larmes
Qui sont tombées par ta faute
De cet amour qui s'est transformé
En douleur
En jalousie
Puis en haine

Mais aujourd'hui avec le temps
Je sais que je t'ai aimé
Que tu m'as aimé
Et que tout le reste ne comptait pas
Que tout le reste n'avait pas d'importance
Car l'essentiel après tout est de s'aimer
-premier amour

Tu étais
Le soleil et la lune
La lumière et l'obscurité
Le paradis et l'enfer
Tu étais tout à la fois
Et moi
Je n'étais qu'à toi

Et cette nuit encore
Tu étais dans mon rêve
Je te cherchais dans la foule

Tu es un soleil

Je m'alimente en lisant
Et respire en écrivant
Les mots ont toujours
Vécu en moi

Durant mes heures les plus sombres
L'écriture m'a épaulé
Et c'est grâce à elle qu'aujourd'hui
Je respire encore, car
Elle est mon oxygène

Tu es un soleil

Tu as placé un peu de lumière
Dans mon obscurité

À l'aide de rires et de douceur
Tu m'as fait aimer la vie
Qui me semblait pourtant sans saveur

Tu as su combler le vide en moi
En le remplissant d'amour

Merci pour tout
-meilleur ami

Une nuit
Nous nous sommes enlacés
Dans mon rêve

Tu es un soleil

Ton odeur
Comble le vide

Tes yeux sont un océan
Dans lequel je ne cesse de
Me noyer

Je caresserai ton âme
De mes mots

Ta peau
Contre ma peau
Tes lèvres caressent les miennes
D'un baiser
Et nos langues
S'entremêlent
-ne me laisse pas me réveiller

Tes baisers au goût de miel

La poésie vit en moi
Ce n'est pas que des mots
Placés ici là sur du papier
La poésie se ressent
Dans la fluidité de l'eau
Ou à travers ta main sur ma peau
Tout devient poétique
Lorsque l'on observe
Avec le cœur

Tu es un soleil

Ton parfum est resté
Dans la cage d'escalier
Remplissant l'espace

Le vide en moi
A été remplacé
Par ton odeur aux mille souvenirs

J'attends une amitié
Qui lui ressemblerait
Mais comment est-ce possible
Si ce n'est pas elle
Je te cherche
À travers les autres
Personne ne semble être
À ta hauteur

Ses longs cheveux châtains
Son doux sourire
Et nos interminables fous rires
Assises dans la cour du lycée
Tout me manque à propos d'elle
-meilleure amie

Joue-moi encore un air de guitare
Laisse-moi t'écouter durant des heures
Et me perdre dans tes yeux
-c'est beau de rêver

Tu es mon indispensable
Mon soleil

Souffrance

Tu es un soleil

Je pourrai me noyer
Dans mon propre lit
Où son odeur n'est plus
Dans ce lit il me prenait dans ses bras
Et m'embrassait délicatement
Comme il savait si bien le faire
Il me caressait lentement le dos
En me chuchotant des mots d'amour
Des je t'aime par milliers dans mon oreille
-rupture

Tes bras étaient mon refuge
Contre mes angoisses
Le soir lorsque mes pensées noires
M'envahissaient
Tu étais là
Qui apaisera mon âme
Maintenant que tu es loin de moi ?

Tu es un soleil

Tu es parti avec mon cœur
En ne laissant que des miettes
Et quelques souvenirs de nous

Ce soir la ville est sombre et le ciel pleure
Dans ma chambre illuminée je lis paisiblement et
Je rêve des mots d'amour
Qu'Apollinaire écrivait pour Lou
Ou ceux d'Aragon pour Elsa
Mais c'est le spleen de Baudelaire qui m'enlace
Et le souvenir de tes yeux s'éloigne de plus en plus
J'ai peur de t'oublier

Tu es un soleil

J'ai reconnu ton parfum sur un autre
Et c'est comme si mon cœur s'était brisé
Une seconde fois

Lorsqu'il est parti
J'ai réalisé que je n'avais jamais été amoureuse
Ou plutôt
Je n'ai jamais réussi à l'aimer comme toi

J'aurais voulu pouvoir te regarder
Et admettre que tu avais raison
Il n'était qu'un moyen
Pour me remettre de nous

Il s'en est allé et j'ai pris conscience
Que je ne m'étais jamais remise de toi
Il n'était qu'un pansement
Qui a fini par se décoller
Et la plaie qui était cachée en dessous
Saigne de nouveau

Tu es un soleil

Après toi
Je me suis sentie désemparée
Et perdue au milieu d'un océan en colère
J'ai recommencé à vivre
Mais en me sentant si vide
Que j'ai eu besoin de ressentir la moindre émotion
J'ai recherché un peu de réconfort et de chaleur
Dans les draps d'un inconnu
J'ai voulu remplacer l'abîme en moi
Alors j'ai couru dans les bras d'une personne
Que je n'aimais pas
Et tout ce que j'ai trouvé fut
De la honte et du regret
Je voulais ne plus sentir la solitude
Mais je n'ai fait que l'accentuer

Quand un amour a été puissant et doux à la fois
On n'oublie jamais
On installe ses sentiments au fond d'une boîte
Comme on range les vieilles photos
Et les souvenirs
On enferme les émotions
Mais sans jamais s'arrêter d'aimer

Je t'ai revu et
Cela a été comme si la page pouvait enfin
Se fermer totalement
Et en même temps
Comme si elle se rouvrait
Laissant ressortir tous les souvenirs de toi
De nous
Et me laissant ressentir les sentiments
De nouveau

Je fais passer les musiques
Que tu écoutais avec moi
En quête d'un souvenir

Tu es un soleil

J'ai recommencé à te voir
Dans d'autres silhouettes
Je te recherche partout où je vais
Mais tu n'es nulle part où je suis
En quête d'entendre ta voix
En vain
Ne te reverrai-je donc jamais ?

Il y a des périodes où tout revient
Comme un mauvais boomerang
Qui va-et-vient en se cognant sur mon crâne

Tu es un soleil

J'ai tellement pleuré
Par ta faute
Que j'ai l'impression d'avoir
Vidé le stock
Mais je pleure encore
De l'intérieur

Elle m'a dit
Désolée mademoiselle
Le docteur ne prend plus de rendez-vous
Et j'ai eu la sensation
D'être abandonnée
Une nouvelle fois

Adolescence

À treize ans
J'ai fait une dépression
Je ne trouvais ma place nulle part
Ni à la maison ni au collège
Je n'étais moi-même
Que dans mes écrits
Je racontais à quel point
J'avais mal
À quel point je voulais m'échapper
J'ai déjà voulu mourir
Mais je n'ai jamais eu le courage
Je me trouvais incapable, car
Même pas assez forte pour me tuer
Même pas assez forte pour parler
Et puis mon frère m'a trouvé
Sur le sol de ma chambre
Je me déchirais la peau
Avec mon compas
Jusqu'au sang
Mon frère a crié et
Grâce à lui j'ai pu me faire aider

Mon cœur est comme cet arbre
Lui perd son manteau avec le vent
Moi je perds des morceaux avec le temps
-dépression

Son départ a causé en moi
Un naufrage

Tu es parti ce soir-là
Le soleil se couchait, et moi je restais
Sans voix
Sans joie
Sans toi

Le vent frappait mes joues
Et mes larmes se confondaient avec la pluie

Quand il m'a abandonné
Mes yeux ont perdu
Un litre d'eau salée
Des gouttes d'océan
Perlaient sur mes joues
Mais plus personne n'était là
Pour les essuyer une par une
Personne n'arrivait
Pour déposer sur ma peau
Un délicat baiser

Aujourd'hui j'ai cru t'apercevoir
Au milieu de la foule
Mon âme s'est pétrifiée
J'avais envie de disparaître
Ou de frapper n'importe où
Pour sentir autre chose
Que le mal-être que tu me causes
Pourtant tu ne mérites plus rien de moi
Même pas une seule de mes larmes
Mais je continue de te voir
La nuit dans mes cauchemars
Et la journée dans d'autres silhouettes

Je n'y arrive pas
Je dis à tout le monde
C'est du passé, je vais mieux
Mais la vérité c'est que
Tu m'as changé
Au point d'avoir peur
De m'endormir

Je voudrais souffrir encore
Comme pour remplacer
Ce que tu as laissé derrière toi
Un cœur frigorifié
Un corps souillé

J'ai cru te voir mais
Ce n'était pas toi
Maintenant c'est comme si
Tu n'existais plus
Alors que le monde entier
Te ressemble

Tu es un soleil

Quand tu es parti je me suis
Achetée de nouveaux vêtements
Un rouge à lèvres
J'ai coupé mes cheveux
Mis du vernis
Et je suis sortie en boîte
J'ai dansé pendant des heures
Pour essayer d'oublier
Mais au matin
Tout est revenu
Comme un mauvais réveil
À coup d'eau glacée

Pourquoi dans les bras d'un autre
C'est à toi que je pense
Lorsqu'il m'embrasse
Je ferme les yeux pour imaginer tes lèvres
Ses mains passent sur mes hanches
Mais c'est toujours *toi*

Tu es un soleil

Comment suis-je censée faire
Pour ne pas m'attacher
Partager mon intimité
Avec quelqu'un dont je ne suis pas
Amoureuse
Comment faites-vous
Pour connaître des moments profonds
Sans jamais s'attacher
Et sans avoir mal
Quand la personne s'éloigne

Un jour ma souffrance s'en ira en claquant la porte,
ne laissant que des souvenirs.
Et elle aura emporté avec elle l'orage qui sommeille
en moi.

Tout semble lié
Lorsque des larmes s'échappent
Sur mes joues
Des gouttes de pluie tombent
Sur la fenêtre de ma chambre
L'univers pleurerait donc
En même temps que mon âme
Comme pour me dire
Tu n'es pas seule

Tu m'as volé l'air
Que je respire
À cause de toi je n'ai plus envie
De fermer les yeux pour m'endormir

Tu me fais me sentir
Incompétente et sensible
Des larmes veulent s'échapper
Mais j'étouffe seulement en silence
Je n'ose plus bouger ni parler

Lorsque je sors
J'ai peur des autres
Lorsque je dois m'endormir
J'ai peur de te croiser dans l'obscurité

Anxiété
Tu as débarqué dans ma vie
Et tu as semé des obstacles sur mon chemin
Sur lesquels je ne cesse de trébucher
Anxiété

Tout se déchaîne en moi
Comme une mer agitée
Anxiété

Tu as fumé l'ultime cigarette
En disant *je t'aime* à papa
Pour la toute dernière fois
Puis tu as raccroché le téléphone
De tes grandes mains tu as ouvert
La fenêtre de l'appartement
Et ton âme s'est envolée
Dans les nuages

Tu es un soleil

Le médecin nous a dit
Il ne lui reste plus qu'un an à vivre
J'ai alors senti mon cœur
Se fissurer en mille morceaux

Papa
Il m'arrive de pleurer
Quand je pense à toi
J'ai peur quand tu pars
Et que ce soit le dernier
Au revoir

Et peut-être que demain matin
Tu seras là
Dans le canapé
Peut-être que ta voix raisonnera de nouveau
Dans la salle à manger
Tu m'appelleras comme d'habitude
Pour venir regarder la télévision avec toi
Tout sera normal
Rien n'aura changé

Tu me manques à chaque instant

Ce matin
Maman m'a annoncé ton départ
Et j'ai senti mon âme
S'envoler avec toi

Je n'oublierai jamais
Le son de ta voix
Les traits de ton visage
Ta manière de me faire rire
Et tes *je t'aime* en cascade
Que tu me chuchotais dans l'oreille
Avant de dormir

Pendant des années
Les étoiles portaient ton nom
Et quand je regardais le ciel obscur
Je croyais y voir un visage
Celui de l'ange
Le plus précieux
Mon ange
Parti si brusquement

Tu es un soleil

Je déteste dire
Au revoir
Car cela sonne
Comme un adieu

Se sentir comme
Une goutte d'eau
Au milieu de l'océan

Tu es un soleil

Étouffer
Avec les autres

Je me sens toute petite
Lorsque je suis avec du monde
Ils me terrifient ces gens
Qui me regardent de haut

Alors je m'enferme dans une bulle
Pour respirer
Et de cette façon
Je vais bien
-introvertie

Je fais partie de celles et ceux qui pensent trop.

Mes pensées s'accumulent et s'entrechoquent à longueur de journée, et encore plus le soir avant de dormir.

Il y a des réveils où
Tout ressurgit
Comme un tsunami
Qui vient s'écraser sur mon visage
Je me noie dans mes larmes

Tu es un soleil

Quand tu es parti
Le soleil s'est éteint
La brise est devenue tempête
L'océan s'est déchaîné
Tu as tout emporté avec toi ce jour-là
Les nuages ont commencé à pleurer
Et ils n'ont plus jamais cessé
Comme moi la nature est dévastée
-nous crions ton absence ensemble

Des fois j'aimerais
Me mettre sur pause
Pour arrêter de penser
Pour ne plus avoir mal
Quand le souvenir de ton corps
Me transperce l'esprit

Papa m'a dit
C'est fini
J'ai alors levé les yeux vers le ciel
Et j'ai vu les nuages
Qui pleuraient pour toi

Je me sens égarée
En permanence
Même dans mon propre corps
Je ne suis plus chez moi
-où est ma maison ?

Je n'ai plus de larmes
-vide

Violence

Harcèlement

Lorsque j'étais au collège
J'avais une meilleure amie
Ronde
Que personne n'appréciait
Les enfants de treize ans sont idiots, car
S'occupent trop de la vie des autres

Ils jugent le physique
Pas assez mince
Roux, blonde
Qui ne porte pas les dernières tendances
Et qui n'a pas dans la poche le dernier iPhone
Une fille pas rasée ?
Elle est sale
Une fille en jogging ?
Elle est garçon manqué
Une fille pas maquillée ?
Elle se laisse aller

La société nous impose tout
Des codes d'esthétiques à respecter
Des gens à valoriser
Et au final je me demande si
Le harcèlement à l'école existerait
Si notre monde n'avait pas ce genre de pensées
Les gamins répètent juste
Ce qu'ils entendent à la maison

Frustration

Les coups et les insultes
Je n'avais rien demandé moi
Je voulais simplement aller en cours
Rigoler avec mes copines
Raconter mon week-end pendant la récréation
Mais il a fallu qu'il arrive
Et qu'il me bloque le passage
Il a commencé à me rouer de coups
Tout ça pour quoi ?
Je ne voulais pas de lui
Je n'étais pas amoureuse
J'avais osé dire NON
Alors il m'a frappé
Insulté
Et personne n'est venu
Personne ne s'est inquiété
J'avais treize ans
Et déjà confrontée à la frustration masculine

Au mauvais moment
Dans les transports en commun
Je sens sur moi des regards lourds
D'hommes en manque
Et je suis effrayée

Dans la rue
En pleine après-midi
J'écoute chaque pas
Derrière moi

Le soir
Je ne sors pas seule
Pas par fainéantise
Mais par angoisse
D'être en face d'une mauvaise âme
Au mauvais moment

Violence familiale
Je sens encore
Tes mains autour de mon cou
Ton poing parcourant mon corps

Je revois
Maman qui pleure
Maman qui appelle au secours
Mais personne ne vient
Personne n'est là
Juste moi, minuscule enfant
Qui se cache dans les escaliers
Et attend
Que l'enfer cesse

Maman criait
Elle était recouverte de bleus
Mais disait toujours
« Ça va aller, on va s'en sortir »

Je te revois avec un couteau
Que tu tenais maladroitement
Et puis tomber au sol
Comme si la deuxième âme en toi
Mourait
Cette âme pleine de haine et de solitude
Et je te vois encore pleurer
Des larmes par milliers
En criant à quel point tu es désolé
Et que tu ne voulais pas la blesser

Je ressens encore tes mains
Qui serrent mon cou avec force
Je ressens encore ton poing
S'enfoncer dans mon ventre
Je revois la porte de ma chambre
S'ouvrir et se frapper contre le mur
Et ton corps possédé
S'écrase sur mon corps frêle

Je vis sans cesse
Avec la peur
Qu'on me fasse du mal
Avec l'inquiétude
De croiser le regard malveillant
D'un homme un peu trop bourré
Ou juste un peu trop pervers
En réalité peut-être que
Personne ne me regarde et
Aucun homme ne me suit
Peut-être que tout est dans ma tête
Mais le fait de vivre chaque jour
Dans la crainte de sortir
Est déjà une première agression
Que les femmes ne devraient jamais
Avoir à supporter
-peur des hommes

Tu es un soleil

Il ne lui offrait pas des bijoux
Mais des bleus
Pour habiller son cou
Il ne l'embrassait pas de ses lèvres
Mais de ses poings

Je n'avais pas conscience
De l'irrespect
Et de la maltraitance que je vivais

Avec lui tout semblait beau pourtant
À mes yeux il était parfait
Mais en réalité,
Il m'a fait bien plus de mal que les autres
Alors qu'il était celui qui faisait mille promesses
« *Je ne te ferai jamais de mal* »
Disait-il

Et c'est quand il est parti
Que j'ai ouvert les yeux :
Une pression quotidienne sur le cœur
Des besoins trop présents, trop forts
Il chuchotait dans mon oreille
J'ai envie de toi
Comme on demande l'heure qu'il est
N'importe quand
Et sans penser à moi

Est-ce que j'avais passé une bonne journée ?
Cela n'avait aucune importance
Ce qu'il voulait c'était une femme à toucher
Un corps à posséder
Il n'y avait même plus d'amour dans ses yeux
Seulement de l'envie

Toujours besoin de se justifier
Un non devrait suffire pourtant
Mais cela ne suffit jamais
Il faut tout argumenter
Je n'ai pas envie ne suffit pas non plus
En réalité rien ne lui convient
Car tout ce qu'il veut c'est un corps
Qui pourrait satisfaire ses désirs
De mâle en manque

Il faisait noir et
Son corps chaud se collait à moi
Je le poussais mais il revenait sans cesse
Sans réfléchir
Sans se soucier de moi

Tu es un soleil

Il rentre
Sans autorisation
En me serrant fort
Tellement fort que je respire
À peine
Je voudrais m'étouffer dans l'oreiller
Sans un bruit
Mon corps pourrait mourir
De fatigue
Et de honte
Mais à la place
C'est mon cœur qui se brise
Et mon âme qui me quitte
-il est en moi mais je suis vide

De tes mains tu me caresses

Les seins et les cuisses

Ton souffle chaud se glisse

Dans mon cou

Tu te frottes contre

Mon corps endormi

Et lorsque je me réveille, je te sens

Tu es dans ce lit froid

À poser tes doigts partout sur ma peau

Et moi

Je n'ose même pas trembler

Ou pleurer

Je suis comme paralysée

Comme si de tes mains fortes

Tu m'avais jeté un sort

Qui m'empêchait de bouger

Tu es un soleil

Quand on me touche
J'ai peur que ce soit lui
Un corps lourd écrase mes jambes frêles
Une main sur mon cou et
Je suffoque

Il m'est impossible
D'oublier ce corps
Sur le mien
Et cette voix
Qui m'effraie des fois

Tu es un soleil

Des mains familières
Sur mon corps d'enfant
13 ans après
Je te vois encore
Dans mes cauchemars

Sur les réseaux sociaux
Je lis le mot *inceste*
Partout
6 millions de Français
Auraient été victimes
Mon cœur se brise
Et les mots me quittent

Tu es un soleil

Je ne sais même plus quel âge j'avais
Lorsque tu as posé tes mains sur moi
Pour la première fois
C'est comme si j'avais préféré
Faire une croix sur certains détails
Cependant ce qui me restera toujours ce sont
Les images de ton corps sur le mien
Et de ma culpabilité sans fin
Je n'oublierai jamais ce sentiment de honte
Tes poings dans mon ventre avec une force
Surnaturelle
Et tes insultes par centaine
Je n'ai rien oublié

Pendant des années
Je me suis sentie coupable
Et sale
Peut-être qu'en réalité
J'y pense encore sous ma couette
Dans l'obscurité
Peut-être que je m'en veux encore ?

Pour l'éternité je me souviendrai
De tes mains
Sur ma peau
Et du démon
Caché dans tes yeux

J'avais 18 ans

Il m'a réveillé
Avec ses doigts
Parcourant mon corps endormi
Je n'ai jamais pu lui pardonner
Et pourtant j'ai continué
À vivre auprès de lui
Sous son emprise

Un jour il m'a quitté
Et je me suis rappelée
De tout ce qu'il m'avait fait
L'amour rend aveugle

Tu es un soleil

Je voulais crier
Mais je m'étouffais
Dans une eau glacée

Ne me dites pas
Tu aurais pu te défendre
Non je ne pouvais pas
Je ne pouvais rien faire
Car mon corps était comme
Paralysé

Je n'arrive toujours pas à accepter, ou même dire le mot qui fait bien trop de dégâts.

Le sentiment de culpabilité ne me quitte plus, et les images surviennent à tout moment, suivies de la honte et du mal-être.

Et je ressens encore les douleurs de ces nuits-là.

Je crois qu'en réalité rien ne part vraiment avec le temps. On continue de vivre.

Mais sans jamais oublier.

Je le déteste parce qu'il a réussi à rester en moi pour l'éternité.
Me laissant un goût amer de honte et de regret.

Tu m'as vidé
Avec tes doigts froids
Comme une cuillère
Qui racle la fin d'un pot
Pour ne laisser aucune miette

Fatiguée d'avoir été trop salie
Je me sens vide et coupable
Il ne me reste que la douleur
Et les souvenirs
Mais le plus important n'est plus là
Car ils ont tout emporté
Comme le vent détruit un nid
Je n'ai plus de maison

Ce soir-là
Il a pris possession de mon corps
C'était désormais sa peau
Ses cuisses
Son cou
Lorsqu'il m'embrassait
J'avais mal
Comme si son baiser se transformait
En une arme tranchante
Depuis je saigne toujours
De l'intérieur

Tes mains froides
Sur mon corps endormi
Ce matin-là sans t'en soucier
Tu as provoqué en moi
Une tempête
Qui depuis ne cesse de s'amplifier

Comment guérir
Quand même dans mon sommeil
Tu me rends visite
Et tu recommences
À chaque fois
Et si ce n'est pas toi qui me blesse
C'est un autre

Dans mes cauchemars
Je revis ce matin-là
Des centaines de fois
Et au réveil
Je suis un peu plus brisée
Que la veille
-vivre avec un démon en soi

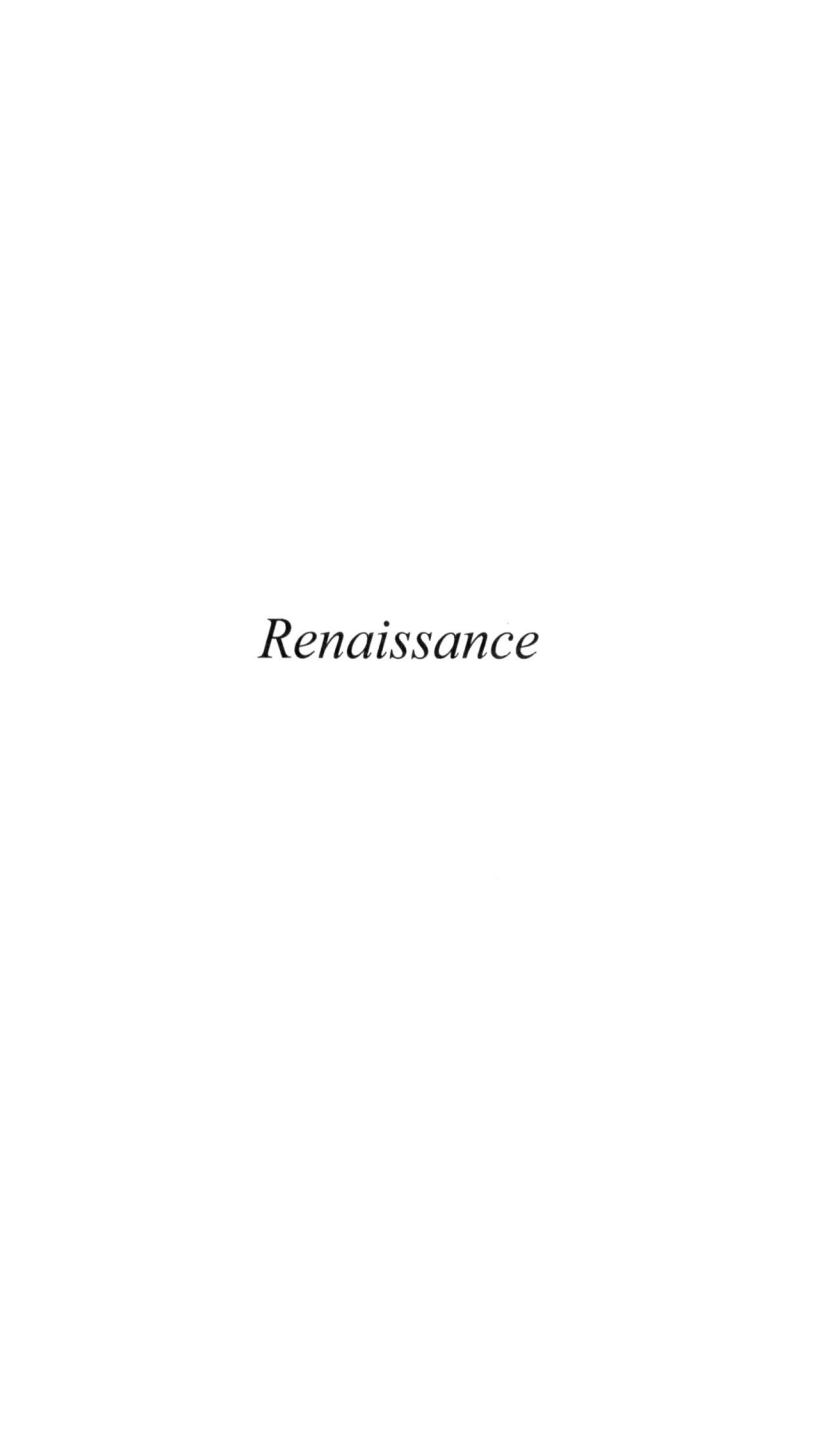

Renaissance

Tu es un soleil

Depuis que tu es parti
Je me suis endurcie
J'ai décidé que je n'allais plus
Me larmoyer pour quelqu'un
Il fallait que je sois forte
Alors j'ai séché mes dernières larmes
Etouffé mes sanglots
Et depuis
Je n'ai plus jamais pleuré

Pas à pas
Je ramasse les morceaux

Tu es un soleil

J'ai compris que
La vie est faite d'étapes
Qu'il faut surmonter
Elle contient des milliers d'échecs
Mais il faut toujours garder espoir
Car derrière une déception
Se trouve une réussite
Il suffit d'être patient
D'être à l'écoute
Et ne jamais perdre en vue ses objectifs

Savoure l'instant
Regarde autour de toi
Contemple la nature
Observe les animaux
Sens le vent qui caresse ta joue et
Savoure l'instant,
Juste cet instant
Où tu es bien
Où tu te sens vivant
Ne réfléchis pas à demain
Ou même aux prochaines minutes
Goûte aux merveilles du présent
Et n'oublie pas de vivre
Chaque seconde

Tu es un soleil

Pendant longtemps je me suis
Détestée, insultée
Et puis j'ai compris qu'il fallait
M'assumer et m'aimer
Car c'est avec ce corps
Que je vais vivre jusqu'à la fin
Il n'y aura pas un seul jour
Où je ne serai pas avec moi-même
Alors autant s'aimer tout de suite
Sans attendre que quelqu'un le fasse
-*se chérir*

Un jour j'ai arrêté de chercher à savoir
Pourquoi il était parti
J'ai décidé que cela n'avait plus d'importance
Qu'il fallait juste continuer mon chemin
Et vivre pleinement

Tu es un soleil

Tout arrive pour une raison
Il n'y a pas de hasard
Si tu as vécu une épreuve difficile
Peut-être une rupture
Un échec
Ou une déception
Prends cette difficulté comme une leçon
Et n'oublie jamais
Tu as de la force en toi
Qui te permettra de te relever
De te battre
Et surtout, retiens cela
-tout arrive pour une raison
il n'y a pas de hasard

Les premiers jours tu te sentiras
Dévasté, abattu
Tu ne comprendras pas
Tu t'en voudras
Peut-être que tu seras en colère
Et tu voudras te venger

Mais petit à petit tu verras que
Tout ça n'est qu'éphémère
Plus le temps avancera et plus tu iras mieux
Tu comprendras enfin que tu n'y étais pour rien
Vous étiez juste différents

Il arrive des fois dans la vie
Que deux êtres humains qui se sont aimés
Se quittent, et prennent un chemin différent
C'est comme ça
On n'oublie jamais un être aimé
Mais un jour on prend conscience qu'il faut
Continuer sa vie
De son côté
Pour soi-même

Ce n'est pas ta faute si l'être aimé est parti
Ce n'est pas ta faute s'il t'a encore déçu
Ne te sens pas coupable
Tu ne pouvais rien faire
Rien d'autre que le laisser partir
Son choix était de s'en aller
Vers d'autres horizons
Vers un futur qui n'était pas le tien
Alors ne t'en veux pas
Et continue ton chemin

Les personnes qui doivent partir
Partiront
Et celles qui doivent te rencontrer
Te rencontreront
Souviens-toi
-il n'y a pas de coïncidence

Lorsque tu te relèveras
Tu auras en toi encore plus de puissance
Je te le promets
Tout ira bien
Ils t'ont blessé c'est vrai
Alors prends cela comme une leçon
Et redresse- toi

Promis
Ça ira

La vie c'est
Des échecs et des triomphes
Des rencontres et des ruptures
Le chaud et le froid
Le soleil et l'ouragan

Prends soin de ton cœur
Car personne ne le fera aussi bien
Que toi-même

Un matin d'automne
Il faisait tellement froid que
Je ne pouvais plus bouger
J'étais devenue comme le givre
Et puis tout à coup
Le soleil est apparu
Il m'a réchauffé les mains
Le bout du nez
Il m'a enveloppée de ses bras chauds
Et mon cœur s'est senti
Aimé

Tu es un soleil

Je ne te parle plus
Le soir sous le ciel étoilé
Je ne t'écris plus
Comme je le faisais auparavant
Mais cela ne veut pas dire
Que je ne pense plus à toi
Tu seras toujours là
J'ai juste appris à vivre
Avec les souvenirs qui s'éloignent
Et j'ai compris que
Lorsqu'une personne s'en va
Il faut la laisser partir
Et continuer de respirer
Pour soi
Mais aussi pour elle
-faire son deuil

Je me souviens

Je me souviens des rires d'enfants sur la plage. On marchait tous les 4, seau dans une main, serviette dans l'autre. On passait toutes nos vacances à Cassis.
Je me souviens de ta tendresse. Tu regardais les dessins animés avec moi et de ta main tu me caressais affectueusement le dos.

Je me souviens de ce que j'ai ressenti lorsque papa m'a annoncé ton départ. Un vide. Comment expliquer à une enfant de 6 ans que son deuxième papa est parti ? On s'accroupit vers elle, on lui prend les mains et on essaye de lui faire comprendre le plus simplement possible. Puis on la prend dans ses bras et on lui propose d'aller manger une glace. Puis ça passe, peut-être. Mais vient le jour où cette enfant de 6 ans grandit, et comprend. Et c'est à ce moment-là que son monde s'écroule autour d'elle.

Je me souviens de la douleur de l'absence.
Je me souviens du regard de papa.
Je me souviens de mes cauchemars.
Je me souviens de ces images de ton corps dans le vide.

Mais je me souviendrai surtout à quel point tu m'aimais.

-5 juillet 2007

Tu es un soleil

J'apprends à voir mes échecs comme des leçons
Et mes réussites comme des nouveaux pas
J'essaie désormais chaque jour d'être
Reconnaissante
Pour tout ce que la vie m'offre
De remercier ciel et terre d'avoir fait que
Mon corps puisse sentir
L'air frais et le soleil sur ma peau
Puisse goûter
La chaleur d'un repas
L'amour d'une famille
Puisse vivre
Chaque instant
-merci pour tout

La veille de mes dix-neuf ans
J'ai compris que rien n'arrive
Par hasard
J'ai arrêté de chercher quelque chose
Ou quelqu'un
Ce qui doit arriver dans ma vie
Arrivera forcément un jour
Que ce soit une rencontre
Un échec ou une réussite
Tout arrive pour une raison

Tu es un soleil

Tu n'auras peut-être jamais
Ce que tu espérais
Mais promis
Tu auras mille fois mieux

Mettre sur le papier
Toutes ses pensées
Pour soigner ses maux
Se guérir par les mots

Tu es un soleil

Regarde autour de toi

Le monde

Les fleurs

Le soleil

La vie est belle

Il suffit d'ouvrir les yeux

Même les jours de pluie
Le soleil est là
Derrière les nuages

Chéris-toi
Personne ne peut le faire à ta place
L'amour de soi ne doit pas être oublié
Tu ne dois pas t'oublier

Avant de fuir
Soigne tes peines
Là où tu es
Car tu peux partir
Mais au retour
Tout sera resté à la même place
Accroché à ton cœur

Tu peux partir aussi loin que possible
Si tu n'évacues pas ce qu'il y a en toi
Les kilomètres ne changeront rien
Même en faisant le tour de la Terre
Tu emporteras tes maux à l'intérieur d'une valise
Que tu traîneras sans cesse derrière toi
-soigne ton cœur

Comme une feuille en automne
Tu flancheras
Mais comme une fleur au printemps
Tu renaîtras

Mathilde Fialaix

Le soleil est en toi

Tu es un soleil

Prends possession de ta lumière
Tu rayonneras

La lune comme toi passe par
Des moments sombres
Où les nuages camouflent sa lumière
Mais elle finit toujours par
Renaître
Un soir elle apparaît
Encore plus brillante que la veille
Encore plus confiante
Tu es comme la lune

Elle était si belle
Ce soir-là
Sa lumière a pénétré mon âme
Je me suis sentie vivante

Avec lui, elle était comme dans une
Chrysalide
Mais lorsqu'il est parti
Elle s'est sentie libre
De s'envoler enfin
Et elle est devenue
Le plus beau des papillons
-renaître

N'oublie pas
Tu es une belle personne
Tu es assez
Tu es toi

Ce soir-là
La lune brillait de mille feux
Je marchais dans le froid
Et lorsque j'ai levé les yeux
Elle était là
On ne voyait qu'elle
Comme pour me rappeler
Tu as de la lumière en toi
Tu brilles

J'ai trop attendu
Qu'on m'apporte ce dont j'avais besoin
Alors que depuis tout ce temps
Je pouvais me l'apporter moi-même
Et être heureuse seule
Je suis un soleil

Prends conscience
De ta force
Et de ta valeur
Tu mérites d'être ici

Tu es un soleil

Tu es comme la lune
Malgré l'obscurité
Tu brilles toujours

Le soleil me crie de ne pas oublier
Qui je suis
Il me rappelle que
Moi aussi
Je brille
Et que même derrière des nuages
Je rayonne

Tu es un soleil

Je suis si heureuse
Que je ne trouve plus les mots
Rien n'est assez puissant pour vous dire
À quel point le soleil est en moi

Ma mère m'a dit
Tu es notre soleil
J'ai alors compris que
Je dois continuer de briller
Pour eux
Pour les rendre fiers

Je voudrais avoir en face de moi
Toutes les personnes que j'aime
Et leur confier à tous
À quel point ils me sont précieux
Et que dans l'univers
Ils sont ma lumière

Ici s'achève la lecture
J'espère t'avoir transmis l'amour que j'ai
Pour la poésie
Et pour la vie
Peut-être t'es-tu reconnu dans mes mots
Et qu'ils résonneront en toi
La vie est faite de tout ce dont je parle ;
L'amour mais aussi la déception, le bien et le mal
Malheureusement on connait tous la souffrance
Parfois même la violence
Mais retiens une chose
Tu te relèveras toujours
Car tu as en toi de la lumière

Tu es un soleil

9 782322 399437

Ce livre a été imprimé en Allemagne
Dépôt légal : Novembre 2021